小古文里的大语文

大语文

传统文化

南熊 编著

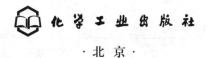

化学工业出版社

·北京·

图书在版编目（CIP）数据

小古文里的大语文.传统文化/南熊编著.—北京：
化学工业出版社，2023.9
ISBN 978-7-122-43570-5

Ⅰ.①小⋯ Ⅱ.①南⋯ Ⅲ.①文言文-小学-教学参考
资料 Ⅳ.①G624.203

中国国家版本馆CIP数据核字（2023）第096161号

责任编辑：龙　婧　　　　　　　　　　装帧设计：日尧设计
责任校对：刘曦阳

出版发行：化学工业出版社（北京市东城区青年湖南街13号　邮政编码100011）
印　　装：天津市银博印刷集团有限公司
710mm×1000mm　1/16　印张5½　2024年1月北京第1版第1次印刷

购书咨询：010-64518888　　　　　　　售后服务：010-64518899
网　　址：http://www.cip.com.cn
凡购买本书，如有缺损质量问题，本社销售中心负责调换。

定　价：29.80元

前言

面对课本里的文言文，我们常常遇到三种烦恼。

第一种是孩子的烦恼：如何让古文变简单，让古文变有趣？

第二种是家长的烦恼：如何先让自己搞懂，再去辅导孩子？

第三种是老师的烦恼：如何降低学习难度，提高学习热情？

这套小古文亲子读物"小古文里的大语文"，希望能够解决孩子们与文言文相处时的烦恼。书中精选了100多篇短小有趣、朗朗上口的文言文，从民国课本里的佳作到历史名人故事，涉及面广泛、丰富。

这套书共有五个分册，分别以"传统文化""神话故事""成语故事""历史故事"和"古代名篇"为主题，从易到难，循序渐进。

书中遴选的文章，包含了《三字经》《弟子规》《论语》和《世说新语》等出现在部编版语文教材中的蒙学经典和耳熟能详的历史故事、成语故事，这些作为孩子们文言文的启蒙阅读再合适不过。

每一篇文言文，除了原文之外，还有"注释""译文"和"古文理解"三个栏目，从所有疑难字的意思，到所有句子的白话译文，再到整篇文言文的解读和诠释，尽可能地做到完整、详尽，让家长和孩子共同阅读的时候能够做到双方的无障碍交流、沟通。

另外，书中还为部分文言文特别设置了"知识拓展"栏目，讲述与文章相关的知识和故事。让孩子们能在一套书中尽情领略中华文化的博大精深和中国文人的风骨神韵。

这套书包含了部编版小学语文教材中的全部必背文言文，结合小学现阶段语文教材的新变化和语文教学大纲的新要求，以及作者十余年的国学研究经验，将古文学习与课本教材相结合。同时，将丰富的中国传统文化常识融汇其中，通过"文白对读"的学习方法，在一"文"一"白"的对比阅读中，让孩子爱上古文，提高学习效率。

读懂古代文章，触摸汉语之美。从小古文的韵味中，领略大语文的魅力。让我们一起开始这趟轻松愉快的"小古文之旅"吧！

目录

01
—
13

人与自然

植物世界

14 - 19

动物天地

20 - 24

25
—
28

蒙学经典

人与自然

放风筝

青草地，放风筝。

汝（rǔ）①前行，吾（wú）②后行。

注释

①〔汝〕你。

②〔吾〕我。

译文

在青草地上，一起放风筝。

你在前面跑，我在后面追。

古文理解

这篇小古文描写的是两个小伙伴一个在前面跑，一个在后面追，一起在草地上放着风筝。把《放风筝》作为我们学习小古文的第一篇课文是有原因的。"你"和"我"是许多人学习汉字时最先认识的字。在古代的文言文里，"你"和"我"怎么说呢？虽然这篇《放风筝》很短，但是它让我们知道了答案。

在文言文中，"汝"就是"你"，"吾"就是"我"。除此之外，还有哪些字可以表达"你"和"我"呢？表达"你"的字还有尔、若、而、乃、公、君等。表达"我"的字还有予（yú）、余、某、孤、寡（guǎ）、朕（zhèn）等。有人认为"朕"字只有皇帝才能使用，其实在先秦时期普通人也能用"朕"称呼自己。

知识拓展

❋ 风筝的别名——"纸鸢（yuān）"❋

风筝，起源于中国。风筝制作，作为中国民间的一项传统技艺，具有悠久的历史。古时的风筝，先用轻薄的布料糊在竹子做的架子上，再用结实的细线牵引着。随着造纸术的发明和造纸工艺的进步，人们开始用纸代替布制作风筝。风筝飘在空中，就像飞鸟一样，因此，古人给风筝取了一个名字叫"纸鸢"。

鸢，本身是一种鸟的名字。飞在天上的风筝看上去不正像一只纸做的鸟儿吗？"纸鸢"这个名字真是生动！唐代诗人元稹曾在诗中写过"纸鸢"。他说"有鸟有鸟群纸鸢，因风假势童子牵"。意思是说，原本以为天上有一群鸟，仔细一看原来是风筝啊。地上有一群孩子，正牵着风筝的线，站在有风的地方，借着风的力量，让风筝飞上了天……

方向

　　清晨，祖携（xié）①孙出门。祖曰（yuē）②："尔知方向乎？日出于东，没③（mò）于西。今尔向日而行，是④为东方，背后为西，右手为南，左手为北。故⑤视日之出没，可以辨四方也⑥。"

注释

①〔携〕带着。

②〔曰〕说。

③〔没〕隐没。

④〔是〕此，这。

⑤〔故〕所以，因此。

⑥〔也〕表示判断和肯定。

译文

　　清晨，爷爷带着孙子出门。爷爷说："你会辨认方向吗？太阳从东边升起来，从西边落下去。现在你面朝太阳的方向走，前面是东方，背后是西方，右手边是南方，左手边是北方。因此，根据太阳的升与落，可以辨认出四个方向。"

古文理解

这篇小古文讲了一个爷爷教孙子辨认方向的故事。古人用来辨认方向的工具不多，太阳是其中一个重要工具。太阳东升西落的特点，让人们对东西南北四个方向有了基本的掌握。

在科学技术不发达的年代，太阳是人们用来辨认方向的主要依据。尤其是在野外，辨认方向是一项非常重要的技能。民间有三句话是这样说的："早晨起来，面向太阳。前面是东，后面是西。左面是北，右面是南。"我们可以记住这三句话，然后一起去做"看太阳、找方向"的游戏。

知识拓展

古人用什么工具辨认方向

中国古代有"四大发明"：造纸术、指南针、火药和印刷术。其中，指南针是人们用来辨认方向的重要工具。当我们谈论四大发明时，"指南针"这个词语主要指的是发明指南针的技术。古代常用的指南设备跟现在人们使用的指南针并不一样，名字也不叫指南针。

很久以前，中国人发现了天然的磁石。磁石，能吸引铁质物品，一般为灰黑色或褐色，人们常常叫它"吸铁石"。最重要的是，磁石有一定的指向性，把一块磁石用线吊起来，总有一端会对准一个方向。通过对磁石的研究应用，人们发明了"司南"。

司南的外观像一把勺子。这把"勺子"是用磁石做成的，将勺子放置在一个光滑的底盘上，无论怎样转动勺柄，勺柄始终指向南边。司南是世界上最早的磁性指向工具。不过，因为司南是由勺子和底盘两部分组成的，不方便携带。于是，经过摸索和实践，人们发明了"磁针"。

一根小小的铁针，与磁石接触之后会被磁化。被磁化之后的针就有了跟磁石一样的指向作用。人们将被磁化的针悬浮在水上，或者用丝线吊起来，或轻轻放在碗口的边沿上，铁针就可以指示方向了。虽然铁针很小，但是使用的时候需要丝线、水或者碗，依旧不够方便。

人类从未停下实践研究的脚步，后来，便出现了更加轻便、专业的罗盘。从司南到罗盘，我们见证了中华民族的智慧。随着罗盘传入欧洲，中国的指南针技术逐步影响着世界。有了中国人的指南针技术，哥伦布才能发现新大陆，麦哲伦才能进行环球旅行，人类历史上才出现了重要的"地理大发现"时代。

03

日时

一日一夜，分为十二时。子①丑寅（yín）卯（mǎo），辰巳（sì）午未，申（shēn）酉（yǒu）戌（xū）亥（hài）②，是也。夏日长而夜短，冬日短而夜长。夜半为子，日中为午。午前曰上午，午后曰下午。

注释

① 〔子〕十二地支的第一位。

② 〔亥〕十二地支的第十二位。

译文

一天包括夜晚和白天，共分为子丑寅卯、辰巳午未、申酉戌亥这十二个时辰。夏天白天的时间长而夜晚的时间短，冬天白天的时间短而夜晚的时间长。半夜十二点是子时，中午十二点是午时。午时之前的白天叫上午，午时之后的白天叫下午。

这篇小古文说的是古人如何记录时间。古人有一种使用至今的天文历法，叫"天干地支"。子、丑、寅、卯、辰、巳、午、未、申、酉、戌、亥，就是十二地支的名称。地支有 12 个，天干则是 10 个，分别是甲、乙、丙、丁、戊（wù）、己、庚、辛、壬（rén）、癸（guǐ）。

古人不仅用它们计算时间，还用它们计算年份。计算年份时，先用第一个天干分别与十二地支顺次组合，然后再用第二个天干分别与十二地支顺次组合，以此类推，排序纪年。这样算下来，天干与地支一共有 60 种组合。每 60 年，天干地支会轮回一次。

计算时间时，只用十二地支。古人把一天的 24 个小时分为 12 个时辰。每两小时为一个时辰。晚上 11 点到次日 1 点，叫"子时"。以此类推，用十二地支表示 12 个时辰。另外，十二地支还依次代表中国传统文化中的十二生肖，即鼠牛虎兔、龙蛇马羊、猴鸡狗猪。

知识拓展

❄ 古人用什么工具看时间 ❄

在古代，人们发现在阳光的照射下，物体落在地上的影子会发生变化。随着太阳位置不断变化，有时影子很短很小，有时影子很长很大。根据这个规律，人们发明了一种计算时间的仪器，叫"日晷（guǐ）"。日，是太阳。晷，是影子。日晷，意思是太阳的影子。几千年前，人类就用日晷看时间。

中国古代的日晷，由两个重要部分组成。一个是石头制成的圆盘，叫"晷面"；一个是用铜制成的指针，垂直穿过晷面圆心，叫"晷针"。日晷的晷面与地面保持一个夹角，用一个底座固定。晷面分为上、下两个面，都有均匀的刻度。晷面上把一个昼夜的时间分为 12 时辰，最小的刻度为一刻钟。

一个时辰等于 2 个小时，一刻钟等于 15 分钟。一个时辰就相当于八刻钟。太阳照在晷针上，会在晷面上投下细长的影子，对应刻度，标明时间。可是，没有太阳的阴天或者雨天，日晷就失去了作用。因此，古人又发明了不受天气影响的计时仪器——漏刻。

什么是"漏刻"？就是往铜壶里注入一定量的水，让水从壶上的小孔慢慢漏出，通过漏出的水的多少来确定时间，因此，也叫"铜

壶滴漏"。最简便的计时方法是燃香，使用一种专门用来计时的香，由燃烧速度均匀的木料制作而成，叫"更香"。俗语"一炷香的时间"就是由它而来。

另外，有一些城市建有钟鼓楼。清晨撞钟，傍晚击鼓，用来报时。这样的钟和鼓在寺庙中最为常见。由此诞生了成语"晨钟暮鼓"，形容僧尼孤寂单调的生活，也用来比喻令人警觉醒悟的话语。中国有很多历史悠久的钟鼓楼，比较出名的有建于明代的钟楼和鼓楼，坐落于西安。

04

端午

阴历五月五日，旧俗谓之端午。是日也，缚（fù）①艾（ài）②为人，削蒲（pú）③为剑，悬之门上，以④避鬼魅（mèi）。焚（fén）香草，饮雄黄酒，以避邪疫（yì）。又食粽（zòng）子，赛龙船。相传，此举为吊⑤屈原也。

注释

① 〔缚〕捆绑。

② 〔艾〕艾草。

③ 〔蒲〕菖蒲。

④ 〔以〕用来。

⑤ 〔吊〕悼念。

译文

每年农历五月初五，是中国传统节日端午节。到了这天，人们用艾草绑出一个假人，然后把蒲棒削尖成剑形，一起悬挂在门上，用来驱鬼镇宅。焚烧香草，喝雄黄酒，用来辟邪祛（qū）病。人们还要吃粽子，聚在一起赛龙舟。据说，这些习俗都是为了祭奠屈原。

端午节是中国的传统节日，时间是每年的农历五月初五，又名端阳节、重午节、重五节、龙舟节、女儿节等。端午节，最初是上古先民以龙舟竞渡的形式来祭祀"龙图腾"的节日，后因屈原在端午跳入汨（mì）罗江自尽，民间就将端午作为纪念屈原的节日。

端午节的民间习俗，除了著名的赛龙舟和吃粽子，还有悬艾草、挂菖蒲、浸龙舟水、拴五色丝线等。端午节前后被人们认为是一年里草药药性最强的时间。因此，端午节的不少习俗都与祛病、防疫有关。这篇小古文里的焚烧香草、喝雄黄酒，就是如此。

端午节是一个与"龙"文化密切相关的节日。在中国传统文化里，这一天被赋予了"飞龙在天"的吉祥意义。2009年9月，联合国教科文组织正式批准将端午节列入《人类非物质文化遗产代表作名录》，端午节成为中国首个入选世界"非物质文化遗产"的节日。

知识拓展

❀ 粽子的故事 ❀

战国时，楚国有个叫屈原的大臣被人陷害。楚王听信了别人的诬陷之言，流放了屈原。后来，楚国日渐衰落，屈原十分悲伤，投身汨罗江而死。当时，百姓打捞不到他的遗体，便担心水中的鱼虾会啃食屈原的身体，就把"角黍（shǔ）"扔进江里，给水中的鱼虾喂食。

角黍，就是粽子。粽子，又称"粽粝（hé）""筒粽"等，由来已久，花样繁多。粽子，早在春秋之前就已出现，原本是祭祀用的供品。那时，粽子用菰（gū）叶包裹黍米做成牛角状，叫"角黍"；或用竹筒装米密封烤熟，称"筒粽"。

有关"粽子"的文字记载，最早大概出现于汉代许慎所写的《说文解字》。晋代，粽子逐渐由供品变为百姓在端午节的特色食物。到了唐代，粽子的形状有了菱形、锥形等，成为一种风味小吃。宋代，粽子的味道多样化起来，出现了用果品做馅的粽子，称为"蜜饯粽"。

元代以后，包粽子的叶子不再局限于菰叶，还能用箬（ruò）叶和芦苇叶。明清时期，粽子被赋予了更多的含义。当时参加科举考试的人，考前要吃一种像毛笔一样细长的粽子，称为"笔粽"，谐音"必中"。人们觉得，把它吃掉以后，会有神来之笔，能考出好成绩。

05

中秋

　　中秋放假，儿问父曰："何谓（wèi）①中秋？"父曰："秋季共三月，七月为孟秋，八月为仲（zhòng）秋，九月为季秋。八月十五日，居②秋季之中，故名中秋。"

注释

　　①〔何谓〕什么叫作，什么是。
　　②〔居〕处于。

译文

　　中秋节放假，儿子问父亲："什么是中秋？"父亲说："秋季总共有三个月，农历七月是秋季的第一个月份，即孟秋；农历八月是秋季的第二个月份，即仲秋；农历九月是秋季的第三个月，即季秋。农历八月十五，处在秋季的中间，所以称为中秋。"

中秋节，是中国的传统节日，时间是每年农历八月十五。中秋节，起源于上古时代，普及于汉代，定型于唐朝初年，盛行于宋朝以后。中秋节，由上古时代秋夕祭月演变而来，自古便有祭月、赏月、吃月饼、看花灯、赏桂花、饮桂花酒等风俗，流传至今。

中秋节也叫"月夕"。月夕，是拜月的意思。中秋夜里，月亮又圆又亮。这天晚上，人们仰望着如玉如盘的明月，心中思念故土，期盼家人团聚。在外的游子，常借此寄托思家之情。因此，中秋又称"团圆节"。它与春节、清明节、端午节并称为"中国四大传统节日"。

知识拓展

❋ 月饼的故事 ❋

月饼，最初是古人祭拜月神时摆放的供品，从汉代的胡饼演变而来。在古代，"饼"代指大部分面食，就连面条也被称为"汤饼"。汉代时，芝麻、核桃等食物传入中国，人们开始用这些材料做馅儿，然后放进圆形的烤饼中，成为百姓喜爱的胡饼。

唐代时，胡饼是都城长安十分常见的日常食物，并不是中秋节的特定糕点。到了宋代，才有了从胡饼衍生而来的月饼。当时，皇宫有一种流行的糕点叫"小团圆"，和如今月饼的制作方法十分相似。后来，小团圆传入民间，广受百姓喜爱。

宋代文人苏轼便有"小饼如嚼月，中有酥和饴"的诗句。那时的糕点师别出心裁，开始在小团圆的面皮之上雕刻出各种寓意吉祥的纹样、图案，于是月饼的制作过程和呈现方式，就有了相对固定、成熟的模式。到了明代，月饼逐渐成为中秋节的节日糕点。

　　清代时，月饼的制作技艺已经变得巧妙。清代文人袁枚在他的经典著作《随园食单》中记载了一道"刘方伯月饼"。这款月饼十分精致。它使用的面粉是山东生产的精面粉，馅料是松仁、核桃仁、瓜子仁研成细末，再加上冰糖和猪油，吃起来香松柔腻。如今，中国月饼，享誉世界。

06

春

首四时、苏①万汇（huì）②者③，春也。气暖则襟（jīn）韵（yùn）舒，日迟则烟气媚（mèi）。百鸟和鸣，千花竞发。田畯（jùn）④举趾（zhǐ）于南亩（mǔ），游人连辔（pèi）⑤于东郊。风光之艳，游赏之娱，以为最矣（yǐ）⑥。

注释

① 〔苏〕使……苏醒。

② 〔万汇〕万物。

③ 〔者〕指人或事物。这里相当于"……的季节"。

④ 〔畯〕掌管农事的官。

⑤ 〔连辔〕骑马并行。辔，驾驭（yù）牲口用的嚼子和缰绳。

⑥ 〔以为最矣〕算是最好的了。

译文

一年的第一个季节，是万物复苏的季节，是春天啊。春天天气转暖，人们神情舒展、心情欢畅，太阳照射时间变长，野外云烟缭绕，光影美好。群鸟啼鸣、相互应和，百花争艳、竞相盛开。农官们在南边的田地边上巡视，游人们在东边的郊外骑马同行。论起风光景致的美好和旅行玩乐的惬意，如此算是最好的了。

春天，既是一年四季之首，也是花草蓬勃之季。春天一来，天气变暖了，男女老少，身心舒畅，纷纷出游。春天一来，日照变长了，平原易野，烟气缭绕，流光溢彩。鸟儿们飞来飞去，叽叽喳喳，叫个不停。花儿们竞相开放，姹紫嫣红，花团锦簇。

春天一到，农人们也忙碌起来，在春天播种，到秋天收获。田里，有赶来巡视的农官。郊外，是骑马同行的游人。古人旅行，车马是最普遍的交通工具。熬过了寒冷潮湿的冬天，等来了鸟语花香的春天，人们怀揣着对春日里美好风光的向往，纷纷走出家门，骑着马，看春花。

中国有"春游"的传统。古时候，人们称春游为"踏青"。踏青的叫法至今仍在使用。踏青的由来跟中国的传统节日"上巳节"有关。上巳节，为每年农历的三月初三。每到上巳节，人们都会去郊外散步游玩，热热闹闹，这叫"踏春"或是"踏青"。

在中国的传统节日中，上巳节、寒食节和清明节三个节日的日期相近。随着历史的发展，清明节慢慢地融汇了寒食与上巳两个古老节日的精华。上巳踏青，寒食扫墓，都成了清明节的传统风俗。踏青活动，从上巳节转而集中到了清明节。清明节，也有了"踏青节"的别称。

❁ 中国传统节日 ❁

中国是一个多民族的国家，每个民族都有自己的传统节日，由于地域性的差别，不同地域的同一个民族，传统节日的风俗也会有所差异。此处选出的几个传统节日，它们至今仍被人们看重，且风俗方面的地域性差别相对较小。

❁ 春节 ❁

春节，是一个盛大的中国节日，农历年新旧更替，旧的一年结束，新的一年开始。古代没有"春节"这个词语，一般称"除夕"和"元日"两个节日。除夕，为农历腊月三十。元日，是农历正月初一。如今的春节吸收并涵盖了这两个节日。除夕时，家家户户都会准备丰盛的年夜饭，饺子、年糕、春卷等，应有尽有。

春节有一项重要的活动：贴春联。古代的春联叫"桃符"。宋代文人王安石写过一首描写古代春节的诗，叫《元日》，当中便有"千门万户曈曈日，总把新桃换旧符"的诗句。清早的阳光照耀着千家万户，人们都忙着把旧的桃符取下，再为新的一年换上新的桃符。春节还有拜年、祭祖、逛庙会、迎财神等活动。中国南方还有舞龙、舞狮等节目。

❁ 元宵 ❁

古代有"上元""中元""下元"三个传统节日。其中，农历七月十五为"中元节"；农历十月十五为"下元节"。这两个都是祭祀祖先的节日。农历正月十五为"上元节"，就是如今的"元宵节"。

民间常说"正月十五闹元宵"。这一天，人们把从除夕就已开始的庆祝活动推向新的高潮。

元宵之夜，大街小巷张灯结彩，逛灯会、猜灯谜、吃元宵，成为世代沿袭的习俗。全国各地的元宵灯会，有的在水边，有的在街上，非常热闹。这一天，家家户户都要吃汤圆。汤圆由糯米制成，或实心，或带馅，煮、煎、蒸、炸皆可。民间俗语常说：汤圆汤圆，团团圆圆。

❀ 清明 ❀

中国有"二十四节气"。清明节，既是中国二十四节气之一，也是中国的一个传统节日。清明节，也称踏青节、三月节、祭祖节等，每年公历 4 月 5 日前后。清明节，源自上古时代的祖先信仰与春祭礼俗，扫墓祭祖与踏青郊游是清明节的两大风俗活动。自古传承，至今不辍（chuò）。

❀ 端午 ❀

端午节，每年农历五月初五。端午的节日文化影响广泛，许多有华人的国家和地区都有庆贺端午的活动。"赛龙舟"这项活动，曾经只在中国南方盛行，北方人更喜欢在端午节这一天"打马球"。骑在马上，持棍打球，也称"击鞠"。

❀ 七夕 ❀

七夕节，每年农历七月初七，又称七巧节、七姐节、女儿节、乞巧节等。七夕节，起始于上古，普及于西汉，鼎盛于宋代。相传每年七月初七，牛郎织女会在天上的鹊桥相见。七夕节，是一个以民间传说"牛郎织女"为载体，以爱情为主题，具有浪漫色彩的中国传统节日。

❀ 中秋 ❀

中秋节，每年农历八月十五。相传，明朝中期的民族英雄戚继光率军击败倭寇（日本海盗的统称）。戚继光凯旋的那天，刚好是中秋节。当时，军中规定不能饮酒。为了给将士们庆祝，戚继光就在这一天教大家唱歌，歌名叫《凯歌》。

❀ 重阳 ❀

重阳节，每年农历九月初九，也叫"重九"。重阳节，起始于上古，普及于西汉，鼎盛于唐代以后。古人认为九九重阳是大吉大利的好日子。古人在重阳节有登高祈福、拜神祭祖及饮宴祈寿等习俗。如今，人们又添加了敬老的节日内涵。登高赏秋与感恩敬老是当今重阳节的两大重要风俗。

❀ 冬至 ❀

冬至节，又名长至节等，每年公历12月21日至23日期间。冬至和清明一样特别，既是中国二十四节气之一，也是中国传统节日之一。古代民间有"冬至如大年"的说法，也称冬至为"小年"，可见这是一个重大的节日。主要风俗活动有祭祖先、吃饺子等。冬至一到，春节便不远了。

07

夏

溽（rù）暑①蒸人，如洪炉②铸（zhù）剑，谁能跃冶（yě）③？须得清泉万派，茂树千章，古洞含风，阴崖积雪，空中楼阁，四面青山，镜里亭台，两行画鹝（hàn）④，湘帘竹簟（diàn）⑤，藤（téng）枕石床：栩（xǔ）栩⑥然，蝶欤（yú）⑦周欤，吾不得而知也。

注释

①〔溽暑〕指盛夏潮湿而闷热的气候。

②〔洪炉〕火炉。

③〔冶〕熔炼。

④〔鹝〕鸟儿。

⑤〔簟〕竹席。

⑥〔栩栩〕欣喜欢畅的样子。

⑦〔欤〕表示疑问或不肯定。

译文

盛夏湿热的天气，炎热蒸煮着人们，就像炼铸宝剑的大火炉，谁能跳出大火炉的熔炼？（想象中凉爽的地方）一定要有：流动的清泉，无数茂密的大树；古老的山洞中凉风阵阵，山阴的崖壁上积雪层层；搭一座高高的阁楼，在青山环绕的地方；有一个小亭子，在水光如镜的湖上；两行鸟儿在天上飞着，仿佛是在画中一般；还有湘妃竹做的帘子和竹席，藤做的枕，石做的床。这生动的画面像真的一样，是庄周梦蝶，还是蝶梦庄周，我就不得而知了。

古文理解

这篇小古文中的"蝶欤周欤"说的是一个叫"庄周梦蝶"的奇妙故事。这个故事出自战国时期庄子的《庄子·齐物论》。庄子，也就是庄周。有一天，庄周躺在草地上睡着了。他做了一个梦。梦中的自己变成了一只蝴蝶，翩翩飞舞，四处飘荡。蝴蝶快乐得忘记了自己的样子，也忘了自己原本是庄周变成的。

过了一会儿，庄周醒过来。梦里发生的一切还深深地印在脑海中。他起身看了看自己后，又想了想梦里的事情。忽然，他有些迷糊，竟然弄不清自己到底是庄周还是蝴蝶了。究竟是庄周在自己的梦里变成了蝴蝶，还是蝴蝶在自己的梦里变成了庄周呢？哪一个才是真的？他有些分不清了。

这件事给了庄周很大的启发。他觉得，有时候现实和梦境难以区分。有的梦境会给人一种非常真实的感受，而有的现实会给人一种如在梦中的感觉。庄周认为，世间万物是不断发生变化的，人生也是不断发生着变化的，没有什么是永恒不变的。只有"变化"这件事情本身，才是永恒的。

小古文里的大语文：传统文化

022

知识拓展

❋ 古人是如何消暑的 ❋

夏天炎热,有不少时令水果和甜品可以帮助人们消暑。扇子,是古今通用的消暑工具。如今,人们有空调,不惧冷,不怕热。那么,没有空调的古人还有什么方法可以用来消暑呢?下面给大家介绍几种古人消暑的方法。

冰鉴

冰鉴,是一种有夹层的容器,相当于古代的"冰箱"。容器内有夹层,夹层中装入冰块,可以用来冰镇食物。冰鉴上方有口,冰镇食物的同时,有冷气散发出来,给人带来清凉的感觉。早在春秋战国时,已有青铜铸成的冰鉴。明清时期,木制冰鉴居多,以黄花梨木为佳。

冰窖

冰窖,是古人夏日重要的冰块来源。每年冬天,人们会在地窖里存入大量的冰块,大部分是从湖泊河流中取得的天然冰块。虽然人们会用稻草、枯叶和棉被等物品来维持冰块的温度,但是到了夏天还是会融化不少。余下的冰块便是人们夏日重要的消暑工具。北京的冰窖胡同,曾因清代政府在此设置冰窖而得名。

井

井,是一种从地面向下挖成的能取水的深洞。一般来说,古人在屋外打井用来取水。不过,有一种井是打在屋里的。它不用来取水,井盖是一块有气孔的石板。这块板是不会取下来的。地下深处的水,常年低温,凉气会透过气孔散发出来,成为古人的一种消暑方式。

"凉屋" "自雨亭" "含凉殿"

古人最豪华的消暑方式是给整座建筑降温。大户人家的宅子里有"凉屋"；王公贵族的园林中有"自雨亭"；唐代大明宫里还有一座"含凉殿"，专门给皇帝避暑用。这三种建筑物都是利用水循环来降温的，用机械设备把水引到屋顶，制造出人工的瀑布水帘，以此来给整座建筑降温。

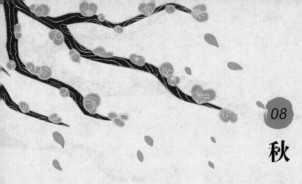

08

秋

金风①瑟（sè）瑟，红叶萧萧，孤雁排云，寒虫②泣露，良用凄（qī）切。可爱者：云剑长空，水澄（chéng）③远浦（pǔ）④，一片冷轮⑤，皎（jiǎo）皎碧落⑥间，令人爽然⑦。南楼清啸（xiào），东篱（lí）畅饮，亦⑧幽人行乐时也。

注释

①〔金风〕秋风。

②〔寒虫〕寒冷天气的昆虫，多指蟋蟀。

③〔澄〕水静而清。

④〔浦〕指池塘、江河等水面。

⑤〔冷轮〕月亮。

⑥〔碧落〕泛指天上。

⑦〔爽然〕开朗舒畅的样子。

⑧〔亦〕也，也是。

译文

秋风瑟瑟地吹来，红叶萧萧地落下，天空中孤雁南飞，露水边秋虫哀鸣，十分凄冷悲凉。让人欢喜的是：天上的云飞流万里，地上的水清澈辽阔，一轮洒着

冷冷清光的月，又白又亮地
挂在夜空中，让人觉得既开
朗又舒畅。到南楼吟诗颂歌，
去东篱把酒言欢，也算是有兴致的人寻求快乐的好时
候吧！

古文理解

　　这篇小古文，写了秋天带给人们的两种感受。第一种，秋天是凄
凉的。秋天一来，风景萧瑟，花草树木凋零枯萎。有清冷的秋风，有
枯萎的落叶，有南飞的孤雁，有哀鸣的秋虫。这样的风景，是令人伤
感的。

　　第二种，秋天是美好的。秋天有不一样的美。秋天一来，天高气爽，
云水一色。夜晚的月光，格外明亮。古时，人们既可以找个楼阁聚在
一起吟诗作赋、歌咏万物，也可以在菊花盛开的地方开怀畅饮、不醉
不归。

　　面对同样的风景，不同的人有不同的心境，不同的心境会带来不
同的感受。有人觉得秋天凄冷，感觉悲戚、忧伤；有人觉得秋天凉爽，
感觉开怀、舒畅。无论何时何地，看到怎样的风景，经历怎样的季节，
只要保持一颗乐观的心，就总能感受到世间的美好。

09
冬

　　冬虽隆（lóng）寒逼人，而梅白松青，装点①春色；
又感六花飞絮（xù），满地琼（qióng）瑶（yáo）②。兽
炭③生红，蚁酒④凝绿；狐裘（qiú）貂（diāo）帽，银烛
留宾；在尾兔毫（háo）⑤，彩笺（jiān）⑥觅句，亦佳事也。
至如骏（jùn）马猎平原，孤舟钓浅濑（lài）⑦。豪华寂寞，
各自有致。

注释

①〔装点〕装饰点缀。

②〔琼瑶〕美玉。

③〔兽炭〕做成兽形的炭。亦泛指炭或炭火。

④〔蚁酒〕浊酒。蚁，形容酒的表面浮着的泡沫。通常新酿
　　　　的酒，酒面浮有泡沫。

⑤〔兔毫〕用兔毛制成的笔。亦泛指毛笔。

⑥〔彩笺〕小幅彩色纸张。借指诗笺或书信。

⑦〔濑〕湍急的水。

冬天，虽然寒气逼人，但是梅花洁白、松树青翠，为冬天装饰了几分春色。六瓣雪花像柳絮一般飞舞，飘落之后像白色美玉一样铺满大地。燃烧的炭火散发出温暖的红光，新酿的美酒呈现着浓郁的绿色；穿着狐皮外衣，戴着貂皮帽子，点着银色蜡烛，留下客人饮酒；拿着兔毛做的毛笔，在彩笺上写词炼句，这都是有趣的事。至于骑着骏马在平原易野上狩猎，乘着小舟去浅滩急流处垂钓，无论热热闹闹，还是幽幽静静，都各有各的乐趣。

古人如何在寒冷的冬天把日子过得美好、有趣，这篇小古文给了我们答案。人们既可以欣赏屋外的美景，也能在屋内和亲朋饮酒。屋外的雪花，漫天飞舞时，像春日柳絮；纷纷飘落时，像铺满大地的美玉。屋里的人，有燃烧的炉火和暖和的衣服取暖，有新酿的美酒和亲朋好友做伴。

拿出兔毫，铺上彩笺，写诗作词，都是趣事。喜欢热闹的人，可以骑马狩猎。喜欢安静的人，也能独自垂钓。每个人都用不同的方式，把万物俱寂的冬天过得活色生香、有滋有味。或许，这篇小古文的作者是在告诉我们，其实没有真正无聊的日子，只有缺乏发现乐趣的心境。

知识拓展

❁ 古人是如何取暖的 ❁

　　冬天寒冷，现代人的取暖方式简便。北方有炕和地暖，南方有空调。其中，炕由来已久，可以追溯到秦汉时期的"火墙"。墙体内是空的，可以烧柴加热，以提高屋内温度。那么，古人还有什么方法可以用来取暖呢？下面给大家介绍几种古人取暖的方法。

火盆

　　古人主要靠炭火取暖，最常见的取暖工具是火盆。普通人家用泥盆，富贵人家用金属盆。每到冬日，人们就在盆里烧木炭或者柴火取暖。对于古人来说，炭和柴很重要。朝廷给官员发俸禄时，不仅发钱，还要发"薪"。如今人们常说的"薪水"中的"薪"最初就是薪炭和柴火的意思。

手炉

　　火盆有些大，不方便随时挪动。因此，人们发明了简便易携带的取暖工具：手炉。顾名思义，手炉就是可以捧在手里的炭炉，也叫"火笼"。中国四大名著之一的《红楼梦》中常常提到手炉。明清时期，手炉最是盛行。那时，大户人家使用手炉时会在里面放入香料或药材，外观也越来越精美。

足炉

  与手炉相对应的，是给双脚取暖的"足炉"，俗称"汤婆子"。它是古人睡觉时放进被窝里的取暖工具，一般是金属或陶瓷材质的。它是一个扁扁的水壶，且没有壶嘴，有点像南瓜。上方有一个带螺帽的口子，热水便是从此处倒进去的。灌满热水后，把它放进被窝，晚上睡觉就暖和了。

10

人之①一生

　　人之一生，犹（yóu）②一岁之四时乎！春风和煦（xù）③，草木萌动，一童子之活泼也。夏雨时行，草木畅茂，一壮年之发达也。秋冬渐寒，草木零落，则由壮而老，由老而衰矣。然冬尽春来，循环不已，人则老者④不可复壮，壮者不可复少也。语曰："时乎时乎不再来。"愿我少年共识之⑤。

注释

①〔之〕相当于"的"。

②〔犹〕如同，好像。

③〔和煦〕温暖。

④〔者〕指人或事物。这里相当于"……的人"。

⑤〔之〕他、她、它。

译文

　　人的一辈子，就好像一年的四个季节啊！春天，风和日丽，花草树木破土萌芽，如同人在孩童时的活泼。夏天，时常下雨，花草树木长得茂盛，如同人在壮年时的蓬勃。秋天和冬天，天气逐渐寒冷，草木逐渐枯萎，像人从壮年迈向老年，又从老年迈向衰亡。冬天结束，春天到来，如此循环不断。人却不同，老年的人不能再回到壮年，壮年的人不能再回到少年。俗话说："时间啊时间，一去不复回。"希望孩子们都懂得这个道理。

古文理解

生命是有限的，时间是宝贵的。一个人，从呱（gū）呱坠地的那一刻起，生命的轨迹就得以延伸。童年，像春天含苞待放的花朵，努力绽放出生命最美的姿态。壮年，像夏天茂密成荫的绿树，肆意释放出生命最大的能量。老年，像秋冬慢慢飘洒的雪花，俯视落地时生命最后的终结。

然而，春夏秋冬，冬去春来，无限循环。可是，人的生命，只有一次。俗语说"一寸光阴一寸金，寸金难买寸光阴"。意思是说，如果光阴和黄金能用同样的长度来形容，那么一寸长的光阴和一寸长的黄金一样昂贵。可是，一寸长的黄金却难以买到一寸长的光阴，比喻时间十分宝贵。

11

父母之恩

人初生时，饥（jī）不能自食，寒不能自衣①，父母乳哺（bǔ）②之、怀抱之。子有疾，则父母忧之，加意③调（tiáo）护，居不安，食不饱。诸（zhū）④生思之，父母育子，劳苦如此，岂（qǐ）⑤可忘其恩乎？

注释

①〔衣〕穿衣服。

②〔乳哺〕哺育，养育。

③〔加意〕表示特别注意。

④〔诸〕众，许多。

⑤〔岂〕怎么，难道。

译文

人刚出生的时候，饿了不能自己吃饭，冷了不能自己穿衣。父母用食物哺育他、在怀里抱着他。生病了，父母就会为孩子担忧，特别用心地调理养护，自己睡不好又吃不饱。大家好好想想，父母养育子女，是这般辛苦，我们怎么能忘记他们的恩情呢？

"孝"，是对尊亲、敬老等善德的通称，是中国人的传统美德。中国传统文化中形成的"孝道文化"影响深远。这篇小古文告诉我们，父母养育子女十分辛苦，一路照顾着小小的子女长大成人，提醒我们作为子女应当对父母的养育之情怀有感恩的心。

在儒家经典《孔子家语》一书中，有这样两句话："树欲静而风不停，子欲养而亲不待也。"意思是说，树木想静止不动，风却不停息地吹；子女想赡养亲人，亲人却已经不在。时光一旦流逝，永远不会回来。在有限的时间里，父母好好呵护孩子的同时，孩子也应该用心孝敬父母。

12

春日花信

　　春花开放，迟早不一，俗谓有"二十四番（fān）[1]花信风[2]"，自阴历上年"小寒"节，至本年"谷雨"节，一百二十日之间，分为二十四候[3]。每一候为一花开放之期，即一番花信风。花信风完，一春之花，已开尽矣。

注释

①〔番〕次，回。

②〔花信风〕应花期而来的风。花信，花期。

③〔候〕古代五天为一候，现在气象学上仍沿用。

译文

　　春天，花开时间，或迟或早，并不一致。俗语称此为"二十四番花信风"。从阴历上一年的"小寒"节气开始，到这一年的"谷雨"节气，一百二十天之间，可以分为二十四候。每一候是一种花开的时期，就是一番花信风。花信风结束时，整个春天的花，也就开完了。

什么是"二十四番花信风"？所谓"花信风"，就是每年春天花开时节吹来的风。古人将一年分为二十四节气，七十二候。"二十四番花信风"涉及的时间是第一年小寒到第二年谷雨之间的八个节气。八个节气共二十四候，每一候对应一种花的花信风。因此，称为"二十四番花信风"。

关于"花信风"的说法，最早出自五代南唐徐锴（kǎi）的《岁时广记》。徐锴，字楚金，广陵（今江苏扬州）人。他还有个哥哥叫徐铉。兄弟二人都很有学问，被称为江南"二徐"。《岁时广记》是一部关于风俗、农事的大型资料性书籍。可惜，这部书没有被完整地保存下来。

直到北宋年间，"二十四番花信风"的说法才在诗歌中出现。最早的句子出自大词人晏殊笔下——"春寒欲尽复未尽，二十四番花信风"。明代初期，杭州文人王逵（kuí）所著的《蠡（lí）海集》中才有了我们今天所见的"二十四番花信风"的完整名目。

小寒：一候梅花、二候山茶、三候水仙。

大寒：一候瑞香、二候兰花、三候山矾（fán）。

立春：一候迎春、二候樱桃、三候望春。

雨水：一候菜花、二候杏花、三候李花。

惊蛰（zhé）：一候桃花、二候棣（dì）棠、三候蔷（qiáng）薇（wēi）。

春分：一候海棠、二候梨花、三候木兰。

清明：一候桐花、二候麦花、三候柳花。

谷雨：一候牡丹、二候荼蘼（mí）、三候楝（liàn）花。

太多太多种花了。后来，有人用花的名字编了一首民间歌谣。内容是这样的：

正月山茶满盆开，二月迎春初开放。

三月桃花红十里，四月牡丹国色香。

五月石榴红似火，六月荷花满池塘。

七月茉莉花如雪，八月桂花满枝香。

九月菊花姿百态，十月芙蓉正上妆。

冬月水仙案头供，腊月寒梅斗冰霜。

这可比"二十四番花信风"好记多了。

知识拓展

❀ 中国二十四节气 ❀

2016 年 11 月 30 日，联合国教科文组织将"中国二十四节气"正式列入人类非物质文化遗产代表作名录。二十四节气是中国历法中表示自然节律变化的特定节令，诞生至今已有超过两千年的历史。一年有四季，每个季节有三个月，每个月有两个节气。

在中国人识文断字的启蒙工具书《新华字典》里，有一首《二十四节气歌》："春雨惊春清谷天，夏满芒夏暑相连。秋处露秋寒霜降，冬雪雪冬小大寒。"这首《二十四节气歌》的四句诗，正好对应了二十四节气的名称。

它们分别是：

春季的"立春、雨水、惊蛰、春分、清明、谷雨"。

夏季的"立夏、小满、芒种、夏至、小暑、大暑"。

秋季的"立秋、处暑、白露、秋分、寒露、霜降"。

冬季的"立冬、小雪、大雪、冬至、小寒、大寒"。

13

湖心亭看雪

雾凇（sōng）①沆（hàng）砀（dàng）②，天与云与山与水，上下一白，湖上影子，惟长堤（dī）一痕、湖心亭一点、与余舟一芥（jiè）③、舟中人两三粒而已。

——明末清初·张岱④

注释

①〔雾凇〕天气寒冷时，雾冻结在树木的枝叶上形成的白色松散冰晶。
②〔沆砀〕白气弥漫的样子。
③〔芥〕小草，常用来比喻轻微细小的事物。
④ 明末清初由张岱所著的散文集《陶庵梦忆》，所记大多是张岱亲身经历过的杂事。

译文

寒冷的天气，冰花四周弥漫着白色气体，天、云、山、水浑然一体，上上下下，一片白色。能看得见的只有西湖的长堤在雪中露出的一道痕迹、湖心亭露出的一点点轮廓，以及我的一叶小舟，还有船上的两三个人影罢了。

古文理解

张岱，字宗子，又字石公，他有许多别号，最出名的是"陶庵老人"，山阴（今浙江绍兴）人，祖籍四川绵竹，明末清初的散文大家。他出身书香门第，从小生活条件优越。可是，他自幼身体不好，一直在外祖父家养病。但即使生病，他也不耽误学习。

张岱既聪明又勤奋，有很多特长。唱歌、弹琴、写文章，样样精通。连玩斗鸡游戏，他都比别人厉害。虽然张岱想为国家效力，但是他一生都没能考取功名。好在他为人豁达，年轻时游历四方，见多识广。老了以后，专心写作，日子过得平静、安稳。

文章体裁中，有一种叫"小品文"。它不是今天舞台上表演的"小品"，而是散文的一种。小品文，篇幅较短，有时讲道理，有时抒发感情，有时记叙事实。张岱，是人们公认的"小品圣手"。这篇《湖心亭看雪》就是一篇著名的小品文。

写这篇文章时，张岱三十多岁，住在杭州的西湖边。崇祯五年（1632年）的腊月，杭州下了三天非常大的雪。雪大到西湖边连一个人、一只鸟都没有。张岱突发奇想，要去湖中的亭子里赏雪。他划着一只小船去了湖心，到了亭子以后，竟发现里面有两个人也跑来赏雪。

他们是从江苏南京来的。张岱十分高兴，遇见了和自己一样有闲情逸致的人。张岱和他们一起聊着天、喝着酒、赏着雪，最后写下了这一篇《湖心亭看雪》。大雪纷飞时，很多人只觉得寒冷。可是，张岱能在恶劣的天气中，发现并欣赏美好的风景。

张岱心胸宽广，活到了93岁。

莲
桂
菊
茶
杨
柳
岁寒三友

植物世界

14

莲

莲花，亦曰荷花。种于暮（mù）春，开于盛夏。其叶，大者如盘，小者如钱。茎（jīng）横泥中，其名曰藕（ǒu）。其实[1]曰莲子。藕与莲子，皆[2]可食也。

译文

　　莲花，也叫荷花。暮春时节栽种，盛夏时节开花。莲花的叶子，大的像盘子一般，小的像钱币一样。莲花的茎横着长在泥中，它的名字叫藕。莲花的果实叫莲子。莲藕和莲子，都能食用。

古文理解

中国有十大名花：梅花、牡丹花、菊花、兰花、月季花、杜鹃花、茶花、莲花、桂花和水仙花。莲花，作为十大名花之一，极具观赏性。这篇小古文告诉我们，莲花不仅长得好看，而且全身都是宝。它的茎和果实都可以吃。另外，莲花的叶子还是一种药材。

古代文人对莲花情有独钟。北宋文人周敦（dūn）颐（yí）为莲花写下了"出淤泥而不染，濯清涟而不妖"的名句。这两句话的意思是：莲花从淤泥中长出来，却不沾染污秽；莲花在清水里洗涤过，却不显得妖媚。相比莲花美丽的外表，古代文人更爱它高洁的气质。

知识拓展

周敦颐的故事

周敦颐，字茂叔，号"濂（lián）溪"，学者常称"濂溪先生"，谥号为"元"，百姓尊称"元公"，北宋道州营道（今湖南道县）人。他自幼聪慧，性情温顺，与人为善，敬爱长辈，身边的人都很喜欢他。童年时，他的家人相继离开人世。八岁的时候，年幼的周敦颐跟着母亲投奔了舅父一家。

乖巧的他，深得舅父疼爱。他有什么想要的，舅父总会尽量满足，可以说是有求必应。不过，他很懂事，从不仗着舅父的疼爱肆意妄为。在舅父的栽培下，周敦颐刻苦学习，从不懈怠。后来，舅父做了大官。在舅父的提携下，周敦颐也进入了官场。

虽然周敦颐没有像舅父一样做大官，但是他凡事问心无愧，一生淡泊名利，始终心性高洁，就像他钟爱的莲花一样。周敦颐对莲花的喜欢，一生不改。每到一个地方做官，他都会挖池塘、种莲花。

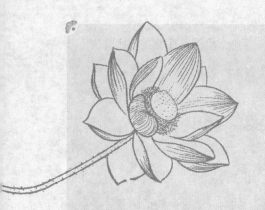

老了以后，他辞去官职，归隐田园，住在江西庐山的莲花峰下。

后来，他给家门前的小溪取名为"濂溪"，还开办了一间"濂溪书堂"，广收学生，教书育人。在书院里，他又亲手种下了一池莲花。周敦颐是中国理学的开山祖师。理学，是两宋时期产生的主要哲学流派。周敦颐的理学思想影响深远。

15

桂

　　庭中种桂，其叶常绿。秋时开花，或深黄，或淡黄。每遇微风，浓香扑鼻，人咸①爱之。花落，取以和（huò）②糖，贮（zhù）③于瓶中，虽④历久而香甚⑤烈。

注释

①〔咸〕皆，都。

②〔和〕掺和，混杂。

③〔贮〕储存。

④〔虽〕即使。

⑤〔甚〕非常，很。

译文

　　庭院中栽种着桂树，它的叶子常年青绿。秋天的时候，桂树会开出桂花，有的是深黄色，有的是浅黄色。每每有微风吹过，浓浓香气扑鼻而来，大家都喜欢桂花的香气。等到桂花落下之后，拿来与糖和在一起，再存放在瓶子里面，即使过去很久，香气也很浓烈。

这篇小古文从颜色、香气和作用等角度介绍了桂花。桂花飘香，是秋天的一道独特风景。假如有一天，你走在路上，闻到了桂花香，那一定是秋天到了。李渔在《闲情偶寄》中写过"秋花之香者，莫能如桂"的句子。他是说，在秋天盛开的花朵里，没有像桂花那么香的。

既有花开，就有花落。喜爱桂花的人看到桂花凋落，心中定会惋惜。人们不忍心看着落到地上的桂花白白浪费，就把桂花捡起来，洗净、晾干、捣碎，然后和糖搅拌在一起，再存放到瓶瓶罐罐中。这样一来，哪怕过去很久，桂花的香气也能保留下来，依然芳香浓郁。

16

菊

菊花盛开，清香四溢。其瓣（bàn）如①丝、如爪。其色或黄、或白、或赭（zhě）②、或红，种类繁（fán）多。性耐寒，严霜既降，百花零落，惟（wéi）③菊独盛。

注释

①〔如〕像，如同。

②〔赭〕红褐色。

③〔惟〕只，只有。

译文

菊花盛开之后，清香四处飘散。它的花瓣，有的像细丝，有的像鸟雀的爪子。它的颜色，有的黄、有的白、有的褐、有的红，种类繁多。它的特性是能经受住寒冷，寒霜降落以后，许多花都凋谢了，只有菊花独自盛开。

古文理解

中国有一个词语叫"君子"。君子，本来指古代地位高的人，后来指人格高尚的人。人们常常把梅花、兰花、竹子和菊花称为"花中四君子"。梅花，长在冬天，凌寒绽放；兰花，长在山谷，幽静淡雅；

竹子，长在土里，四季常青；菊花，长在秋天，与世无争。

秋天，虽然百花凋零，但是菊花盛开。人们觉得菊花不与百花争艳，品格高尚。古人赞美"花中四君子"的诗词文章很多。最喜欢菊花的文人要数东晋诗人陶渊明。他写的"采菊东篱下，悠然见南山"家喻户晓。采一束菊花，看一眼南山。这是陶渊明最喜欢的生活。

知识拓展

陶渊明的故事

陶渊明，名潜，字元亮，别号五柳先生，浔（xún）阳柴桑（今江西九江西南）人。他是东晋末年著名的诗人，被誉为田园诗的鼻祖。陶渊明只在童年时期过了几年宽裕的生活。后来，家里越来越穷，陶渊明吃过很多苦。不过，他很喜欢读书，对儒家经典很有研究。

他从小就不喜欢热闹，不是一个人安静读书，就是一个人观察自然。长大后，他一个人种田、读书，写写文章，看看山水。日子过得既恬淡也寒苦。最后，贫穷的生活逼迫着陶渊明不得不找机会做官。别人做官，是为了大展宏图。他做官，只是为了吃顿饱饭，维持生计。

陶渊明游走官场十三年，历任官职都很小。他本无心官场，又生在乱世，难有大作为。后来，陶渊明彻底告别官场，写下了《归去来分（xī）辞》。从此以后，他归隐田园，远离尘世。余生，陶渊明一直与菊花相伴。种菊花，赏菊花，用菊花酿酒。菊花，是陶渊明晚年生活的重要伙伴。

17

茶

茶生山中，仲①春发芽。采而焙（bèi）②之，红者味浓，绿者味清。可以解渴，故人皆喜之。

注释

①〔仲〕指春季的第二个月，即农历二月。
②〔焙〕用微火烘。

译文

茶树生长在山中，春天的第二个月发芽。采下叶芽，然后烘焙。红色的茶，味道浓郁；绿色的茶，味道清淡。茶可以用来解渴，因此人们都喜欢饮茶。

茶叶是茶树的叶子和芽。茶叶的制作过程，看上去很简单，其实要下功夫。制茶工艺，十分复杂。这篇小古文讲了制茶最基本的两道程序。一个是采茶，一个是焙茶。采茶，就是把合适的茶叶从茶树上摘下来。焙茶，是一种古代制茶技术，用温火烘干茶叶的水分，以便更好地保存和贮藏。

饮茶这件事，起源于中国。最早，茶叶是被当作一种祭品使用的。春秋时期，茶叶被人们用来做菜。西汉时期，茶叶成了一种药材。用茶叶煮水饮用，则是西晋以后的事情了。中国的茶文化源远流长。如果想要了解中国的茶文化，那么一定要读唐代陆羽写的《茶经》。

知识拓展

陆羽的故事

陆羽，字鸿渐，唐代复州竟陵（今湖北天门）人。陆羽很小的时候就成了一名孤儿。三岁左右被一座寺院的主持收养，从小跟着僧人们在寺庙里干活，打扫院子、修剪花草、清洁厕所等。不管多么疲惫，只要有空陆羽就会静下心来读书。

可是，主持不愿意让陆羽看佛经以外的书。因此，陆羽和主持之间产生了不少矛盾。除了佛经，陆羽还想读更多的书。哪怕主持罚他，他也不愿意放弃佛经以外的书。十多岁的时候，为了读更多的书，陆羽逃离了那个他生活了多年的寺院。

离开寺院之后，陆羽投奔了一个戏班，成了戏班里的小演员。有一次，陆羽在表演的时候，得到了朝廷官员的赏识。后来，有人给他找了一名老师，让他接受了正规的教育。五年之后，陆羽结束了求学生涯，开始四处游历，交了很多朋友，慢慢地走上饮茶、品茶、研究茶的道路。

　　后来，陆羽开始写《茶经》，里面涉及了茶的方方面面。写完《茶经》之后，陆羽不断地修订、补充和完善，前前后后花了超过二十年的时间。他写的《茶经》是中国乃至世界上现存最早的茶文化专著，被誉为茶的百科全书。

18

杨柳

　　杨柳，随处可种，临①水尤（yóu）②宜。春初发叶，旋③开黄花。及④春末，叶渐多。花中结实，细而黑。蕊（ruǐ）落，有絮绽（zhàn）⑤出，质轻如棉，色白如雪，随风飞舞，散于各处。

注释

①〔临〕临近，靠近。

②〔尤〕尤其，特别。

③〔旋〕不久。

④〔及〕至，到。

⑤〔绽〕裂开。

译文

　　柳树，到处都能种植，靠近水的地方尤其适合。初春时萌发出叶芽，随即开出黄色的花。到了春天快结束时，柳叶慢慢多了起来。花中结的果实，小而黑。等花蕊掉落的时候，有柳絮裂开飘出来。它的质地轻如棉花，它的颜色白如雪花，随风飞舞着，散落在各处。

　　"杨柳"有两个意思。第一个意思，它是杨树和柳树的合称。第二个意思，它单独指柳树。通常，古诗文中出现的"杨柳"单独指柳树。这篇小古文中的"杨柳"就是柳树。它用短小的篇幅介绍了柳树从种植到开花结果再到柳絮飞舞的全过程。

　　柳絮，是柳树的种子，上面有白色绒毛，在风中飘舞时很像棉絮，因此被称为"柳絮"。无论是柳絮还是柳树，它们经常成为古代文人书写的对象。唐代诗人贺知章写过一首著名的《咏柳》："碧玉妆成一树高，万条垂下绿丝绦。不知细叶谁裁出，二月春风似剪刀。"

　　贺知章笔下的柳树好美。高高的柳树就像用绿色的玉打扮过一样。柳叶全是小小的，每一片都很漂亮。叶子都是树自己长出来的，而在诗人的想象中，这么好看的柳叶，肯定是春天的风剪出来的。春天，有柳树的地方，便是满眼绿色，十分美丽。贺知章喜欢，我们也喜欢。

19

岁寒三友

儿侍（shì）①父，立庭前。见梅树著（zhuó）②花，松、竹并③茂。儿问曰："霜雪之时，他④树多枯落，何以⑤三者独否？"父曰："其性皆耐寒，与他树不同。古人称岁寒三友，即⑥松、竹、梅也。"

注释

①〔侍〕陪在尊长旁边。

②〔著〕附着（zhuó）。

③〔并〕一起，一并。

④〔他〕别的，其他的。

⑤〔何以〕为什么。

⑥〔即〕就是。

译文

儿子陪着父亲，站在庭院前面。看见梅树开着花，松树、竹子也都很茂盛。儿子问道："冰霜雨雪的时节，其他的树大多枯萎衰落，为什么唯独这三种植物不一样？"父亲说："（它们的）特性是能经受住寒冷，和其他的树不一样。古人所说的'岁寒三友'，就是松树、竹子、梅花。"

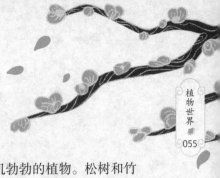

古文理解

在小古文《菊》中，南熊叔叔介绍过"花中四君子"。这里出现了另一种植物组合，叫"岁寒三友"，它们是松树、竹子和梅花。它们都是在寒冷的冬天依然生机勃勃的植物。松树和竹子能在寒冬时节傲然挺立，始终保持着青翠的颜色。跟大部分在春天开的花不同，梅花在冬天盛放。

大家发现了吗？梅花，既属于"花中四君子"，也属于"岁寒三友"。两种植物组合里面都有梅花，可见梅花在古代文人心中的地位是多么重要。写梅花的古诗文里，要数北宋文人王安石的那一首《梅花》最有名了：

墙角数枝梅，

凌寒独自开。

遥知不是雪，

为有暗香来。

天动
地物

萤

20

萤（yíng），飞虫也。生于卑（bēi）湿[1]之地，腹（fù）后有光。晚间，常见水边草际，微光闪烁，去来无定[2]，即萤光也。

译文

萤火虫，是一种会飞的虫子。它生长在低洼潮湿的地方，肚子后面可以发光。晚上的时候，经常能在水边和草丛中见到它们，闪烁着微弱的亮光，飞来飞去，行踪不定，这就是萤火虫发出的光。

萤火虫，是一种美丽的昆虫。它们生活在水边或者草丛里，喜欢在潮湿、低洼的地方飞舞和发光。萤火虫身体尾部的白色排状部位能够发光，这个部位被称为"发光器"。萤火虫的体内有一种叫"荧光素"的物质，在体内发生变化之后释放出的能量，就成了人们看到的光。

有些地方会举行萤火虫放飞活动。这是不可取的。萤火虫的寿命一般只有一周左右的时间，期间它们不吃东西。科学家说，人们将它们捕捉之后再带到自己的城市放飞，会导致它们求偶、交配、产卵等行为无法正常进行，最后导致萤火虫全部死亡，是一种严重破坏生态环境的行为。

21

燕子

燕子，汝又来乎[1]？旧巢（cháo）破，不可居。衔（xián）[2]泥衔草，重筑新巢。燕子，待汝巢成，吾当[3]贺汝。

注释

①〔乎〕相当于"啊"或"呀"。
②〔衔〕用嘴含。
③〔当〕应当。

译文

　　燕子，你又飞回来了呀？旧巢穴破损，不能再住了。你用嘴含着泥巴和枯草，重新建造着新的巢穴。燕子，等你的家建好，我应当为你庆祝。

这篇小古文，作者采用自己和燕子对话的方式来写，就像作者和燕子是认识很久的老朋友一样。燕子喜欢跟人类住在一起，它们会把自己的窝建在人类的屋檐下，一般在靠近屋顶或屋檐的墙面上筑巢，会和屋顶保持大概几厘米到几十厘米的距离，不会完全贴着屋顶。

燕子的小窝会黏在墙上，有点像半个碗的形状，外面用泥土和草的根茎混合而成，里面垫一些羽毛之类软软的东西。这个小窝可以用上一年的时间。到了第二年春天，燕子会在原来的地方或者附近重新建造自己的家。每一年，它们都会给自己"造房子"。

22

蟋蟀

秋夜，有蟋（xī）蟀（shuài）鸣于①墙下。弟问姊（zǐ）②曰："蟋蟀口小，鸣声颇（pō）③大，何④也？"姊曰："蟋蟀有四翅，振翅发声，非⑤以口鸣也。"

注释

① 〔于〕在。

② 〔姊〕姐姐。

③ 〔颇〕甚，很。

④ 〔何〕为什么。

⑤ 〔非〕不，不是。

译文

秋天的夜晚，有蟋蟀在墙角鸣叫。弟弟问姐姐："蟋蟀嘴巴小，鸣叫声却很大，为什么呢？"姐姐说："蟋蟀拥有四个翅膀，它是用振动翅膀来发出声音，不是用嘴巴鸣叫的。"

古文理解

　　小小的蟋蟀，大大的叫声。真令人好奇！这篇小古文告诉我们，蟋蟀不是用嘴巴鸣叫的。它们有两对翅膀，靠前的一对翅膀振动时相互摩擦，就会发出声音。当翅膀摩擦的速度和次数发生变化时，蟋蟀发出的声音也跟着变化，就像演奏不同的旋律。

　　在古人的诗词文章中，蟋蟀常被称作"秋虫""促织"等。南宋诗人叶绍翁写过两句诗"知有儿童挑促织，夜深篱落一灯明"，说夜深的时候有小孩子和蟋蟀玩耍。蟋蟀喜欢在墙角或草丛里活动，一般会在秋天的晚上发出鸣叫声，声音清脆。

23

猫斗

黄白二猫，斗于屋上，呼呼而①鸣，耸（sǒng）②毛竖尾，四目对射③，两不相下④。久之⑤，白猫稍退缩，黄猫奋起逐（zhú）⑥之，白猫走入室中，不敢复出。

注释

①〔而〕表示方式或状态。

②〔耸〕高起，高耸。

③〔对射〕对视。

④〔两不相下〕形容双方旗鼓相当，难分高下。

⑤〔久之〕过了一会儿。

⑥〔逐〕追赶，追逐。

译文

一黄一白两只猫，在屋顶上面打架，发出呼呼的叫声，竖起了毛和尾巴，四只眼睛对视着，双方没分出输赢。过了一会儿，白猫稍稍退缩，黄猫则奋起直追。白猫跑进了屋子里，再也不敢出来了。

猫，是天生的捕猎者。有时，它们脾气不大好。如果两只猫相遇，感受到了彼此的敌意，就会竖起身上的毛，把尾巴翘得高高的，发出随时准备战斗的呼叫声。这篇小古文里的两只猫，彼此在对视一会儿之后，白猫好像被黄猫的叫声和眼神打败了。

猫和人类的关系十分亲密。猫有很多特性，让人非常喜欢。比如，猫的优雅、勇敢、独立、骄傲。猫还很爱干净，会自己给自己清理皮毛。你要是看见猫伸出舌头在自己的身上舔来舔去，这是猫正在给自己"洗澡"，千万别去打扰它哟。

知识拓展

关于猫的小历史

考古学家发现，人类养猫的历史目前可以推算到一万年前左右。古埃及人尤其爱猫。在古埃及的神话中，猫是守护女神贝斯特的化身。贝斯特，代表丰收和康复。古埃及的神庙壁画中随处可见猫的形象。当猫去世后，古埃及人还会将猫做成木乃伊和主人一起下葬。

从出土的文物中看，中国人养猫的历史较短，开始时间可以推算到公元四世纪左右。直到唐朝，养猫还不算普遍。现在流传下来的唐诗有五万首左右，里面写到猫的只有三五首。到了宋代，猫在文学和艺术作品中出现得多了起来。无论是诗词还是绘画，都能轻易找到猫的身影。

明清时期，养猫变得流行起来。在四大名著之一的《红楼梦》中，王熙凤就养了一只猫。民国时期，很多文化大家都专门为猫写过文章。比如老舍、梁实秋、郑振铎（duó）、冰心和丰子恺等人。那么，中国历史上最爱猫的文人是谁呢？答案是南宋著名的爱国诗人——陆游。

陆游，字务观，号放翁，越州山阴（今浙江绍兴）人。古人养猫主要是为了捉老鼠，而陆游养猫特别有仪式感。小猫进门的时候，他专门准备了礼物迎接。他准备的礼物是"盐"。虽然猫不宜吃盐，但是古代的盐十分珍贵，用"盐"作欢迎礼物，足以表现陆游对猫的重视了。

每次小猫捉到了老鼠，陆游都用鱼来拌饭给小猫吃。算是一种奖励吧。时间久了，老鼠少了，小猫经常无事可做，就陪在陆游的身边。陆游对待小猫就像对待朋友、家人一般。他写过"前生旧童子，伴我老山村"，就是在说小猫跟他上辈子就认识了，是陪伴他生活过的童子呢！

古时候，猫有不少别致的名字。比如，狸（lí）奴、衔蝉等。这些名字常出现在陆游的诗中。陆游为家里的小猫写过十几首诗。除了陆游，北宋文人黄庭坚和秦观也喜欢猫。关于猫，秦观有一句很有名的词"雪猫戏扑风花影"。这句词里的小猫，它在干什么呢？

——"喂，小猫小猫，你在干什么？"
——"我在跟花的影子玩耍呢！"

24

鸦饮水

鸦渴甚，欲①饮水。见一小瓶，瓶水浅。伸嘴入瓶，饮不着（zháo）。鸦忽飞去，乃②衔小石投瓶中。往来数次，石高水升，乃得饮。

注释

①〔欲〕想要，希望。

②〔乃〕于是，便。

译文

乌鸦非常口渴，想要喝水。它看到一个小瓶子，瓶子里的水很浅。它把嘴伸到瓶子里，喝不到水。乌鸦忽然飞走，回来时竟然衔来了小石头扔进瓶子里。来来往往好多次，石头堆高了，水就往上升，于是乌鸦终于喝到了水。

乌鸦，是一种非常聪明的鸟。科学实验证明，乌鸦的确是一种擅长使用工具的鸟。这篇小古文讲的是真实的故事。乌鸦把石头扔进瓶子里，让水位升高，最后如愿以偿喝到水。这个故事告诉我们一个道理：如果想成功，就要想办法克服困难，而不是在困难面前轻言放弃。

这个故事，最初出现在《伊索寓言》里。伊索，本是一个奴隶，由于他很聪明而获得了自由。之后，他游历了希腊各地，讲述各种寓言故事，深受百姓的喜爱。公元前五世纪末，"伊索"的名字传遍大江南北，希腊寓言都被慢慢地归到他的名下，诞生了流传至今的《伊索寓言》。

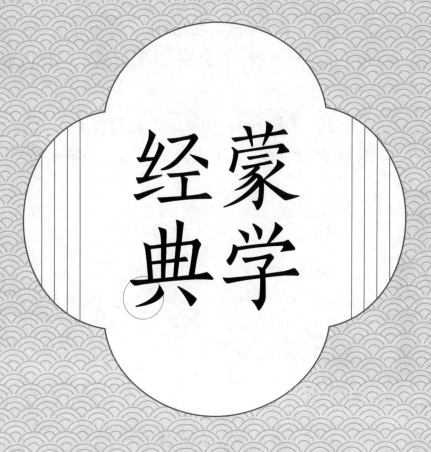

蒙学经典

25

三字经（节选）

人之初①，性②本善，性相近，习③相远。

苟（gǒu）④不教，性乃迁⑤，教之道⑥，贵⑦以专。

子不学，非所宜⑧，幼不学，老何为（wéi）⑨？

玉不琢（zhuó），不成器，人不学，不知义⑩。

注释

① 〔初〕开始，开端。

② 〔性〕人的本性。

③ 〔习〕习惯。

④ 〔苟〕假如，如果。

⑤ 〔迁〕变更，变易。这里指转变。

⑥ 〔道〕方法。

⑦ 〔贵〕宝贵，重要。这里指重视、注重。

⑧ 〔宜〕合适。

⑨ 〔何为〕做什么，怎么办。

⑩ 〔义〕道理。

译文

人刚出生的时候，本性都是善良的；天性虽相差不大，习惯却相差很大。
如果不好好教育，本性就会发生变化；教育孩子要讲方法，注重专心和坚持。

孩子不好好学习，的确是不应该的；小时候不学习，老了能干什么呢？
玉石不经过打磨，成不了好的器物；人不好好学习，就不会明白事理。

古文理解

在古代的蒙学（幼儿启蒙）读物中，《三字经》一直被奉为经典，自古以来深受推崇。它的内容涵盖了天文、地理、历史、道德和一些民间传说。全书都是三三成句，短小精悍，既浅显易懂，又朗朗上口，十分方便孩子的记诵。古人教孩子念书，往往是从《三字经》开始。

这篇小古文的意思是，人生来都很善良，性情相差并不大。可是，随着每个人的成长环境和所受教育的不同，长大之后的习惯却相差很大。人就像一块玉石，要经过打磨才会变成精美的器物，人只有经过学习才能变成有用的人才。因此，只有从小学习，并且坚持不懈，才能明白事理。

26

弟子规（节选）

冠（guān）①必正，纽（niǔ）必结，袜与履（lǚ）②，俱紧切③。

置冠服，有定位，勿乱顿④，致污秽（huì）⑤。

唯德学，唯才艺，不如人，当自砺（lì）。

若衣服，若饮食，不如人，勿生戚（qī）⑥。

---

①〔冠〕帽子的总称。

②〔履〕鞋。

③〔切〕切合。

④〔顿〕处理，安置。

⑤〔秽〕污浊，脏东西。

⑥〔戚〕忧，忧伤。

译文

帽子应该戴端正，衣服扣子要扣好，袜子要穿得平整，鞋带要注意系（jì）紧。

脱下的衣帽和鞋袜，放在固定的位置，不可以乱丢乱放，以避免弄脏弄乱。

注重品德和学问，培养才能和技艺，当发觉自己不如别人时，应该要自我鼓励。

诸如衣服和饮食，不要与别人攀比，即使不如别人，也不要生气难过。

古文理解

作为一部蒙学经典，《弟子规》以道德教育为主，作者是李毓（yù）秀。李毓秀，字子潜，号采三，清代教育家，山东潍（wéi）县（今山东潍坊）人。李毓秀是一名教书先生，十分了解孩子们需要什么样的书。这篇小古文告诉我们：在日常生活中，要注意仪表整洁，同时不能与人攀比。

帽子戴正，纽扣扣好，鞋袜穿戴整齐，脱下后要放在固定的位置，不能乱扔乱丢，不要弄脏弄乱。我们不应该跟别人攀比吃的穿的，当这些不如别人时，我们不该生气难过。人，最重要的是品德、学问、才能和技艺。当这些不如别人的时候，我们应该自己给自己打气，自我鼓励。

27

声律启蒙（节选）

云对雨，雪对风，晚照①对晴空。

来鸿（hóng）对去燕，宿（sù）鸟对鸣虫。

三尺剑②，六钧（jūn）弓③，岭北对江东。

人间清暑殿④，天上广寒宫⑤。

注释

① 〔晚照〕夕阳。照：日光。

② 〔三尺剑〕出自《史记·高祖本纪》。

③ 〔六钧弓〕出自《左传》。

④ 〔清暑殿〕宫殿名，晋孝武帝建来避暑的宫殿。

⑤ 〔广寒宫〕宫殿名，神话传说中月亮上的宫殿。

译文

云和雨相对，雪和风相对，晚上的太阳对晴朗的天空。

飞来的大雁对离去的燕子，回巢的鸟儿对鸣叫的虫子。

三尺长的剑对六钧重的弓，岭北地区和江东一带相对。

人间有一座凉爽的清暑殿，天上有一座清冷的广寒宫。

许多蒙学经典都是教孩子学认字、学知识、学道理，《声律启蒙》不同，它是教孩子诗文对仗的，用字数相等、结构相同、意义对称的短语或句子来表达两个对应或相近的意思。简单来说，就是学习"属对"。那"属对"又是什么？就是对对子。

对对子的要求很烦琐，孩子未必能够理解。有一类书，专门将符合"属对"要求的字、词和句子列出来一部分，用来培养孩子对汉语之美的体会。这样的书有《笠翁对韵》《训蒙骈句》等，《声律启蒙》就是这类书中流传最广的。

这类书能让孩子在学习"属对"的时候，形成对汉字的敏感和联想记忆。我们过年会贴春联。春联有上联和下联，内容都是符合"属对"要求的。学好这类书，我们可以玩"对对子"的游戏。我说"云"，你对"雨"；我说"清暑殿"，你对"广寒宫"。

这篇小古文内容浅显。不过，"三尺剑"和"六钧弓"是什么呢？三尺剑，是指汉朝的开国皇帝刘邦用的剑。尺，是长度单位，三尺就是一米长。六钧弓，是说春秋时期鲁国的勇士颜高用的弓。钧是重量单位，一钧为三十斤，六钧相当于一百八十斤重。可见，颜高是一个大力士。

28

增广贤文（节选）

一

近水知鱼性①，近山识鸟音②。

二

读书须用意③，一字值千金。

三

有意栽花花不发④，无心插柳柳成荫（yīn）⑤。

四

路遥知马力，事久知人心。

五

莫道君行早，更有早行人。

六

一年之计⑥在于春，一日之计在于寅⑦。

一家之计在于和⑧，一生之计在于勤（qín）。

七

同君一席话，胜读十年书。

注释

① 〔鱼性〕鱼的生活习性。

② 〔鸟音〕鸟的鸣叫声。

③ 〔用意〕用心思考。

④ 〔发〕生，出。这里指绽放。

⑤ 〔荫〕树荫。

⑥ 〔计〕考虑，谋划。这里指打算。

⑦ 〔寅〕十二时辰之一，三时到五时。这里指清晨。

⑧ 〔和〕和睦，融洽。

译文

一·住在水边的人知道鱼的习性，住在山林中的人懂得鸟的叫声。

二·读书应当用心思考，每一个字都价值千金。

三·用心去栽种的花不一定就能绽放，无意之间插的柳枝却能长成绿荫。

四·路途遥远才知道马奔跑时的力量大小，经历许多事情后才能知道人心的好坏。

五·不要说你出发得早，还有更早出发的人。

六·一年的打算是在春大，一天的打算是在清晨。一家人重要的是和睦，一辈子重要的是勤奋。

七·与您交谈过一次，胜过读了十年书。

对大人也有用的蒙学读物，就是这部《增广贤文》。这部书非常有名，书中除了古往今来的先贤们总结出来的人生智慧，还有很多来自民间的生动的俚语和格言。虽然有一些思想观念已不适用于我们这个时代，但是大部分内容依然能够带给我们一些值得铭记和思考的启示。

中国教育自古重视知识和德行。这篇小古文中节选的《增广贤文》语录，告诉了我们：做人，既要有知识，也要有德行。知识，帮助我们增长智慧；德行，帮助我们传递美好。学习时，要专心勤奋，要持之以恒。做人，既要谨慎，也要真心。中国的蒙学经典真的是博大精深。